Mon PREMIER LIVRE
de mots

le soleil

le ballon
la maison
les plantes
l'arrosoir
le vélo
l'oiseau
l'escargot
la piscine
la clôture

Ce livre contient des illustrations amusantes et colorées de scènes de la vie de tous les jours, ainsi que les mots correspondants aux différents objets et personnages. La combinaison des scènes, des objets, des illustrations et des mots vous aidera à apprendre à votre enfant à reconnaître les dessins et les mots.

le ballon

la maison

les plantes

l'arrosoir

la piscine

la clôture

le soleil

le vélo

l'oiseau

l'escargot

1 les brosses à dents

2 le savon

3 les robinets

les serviettes

les toilettes

le lavabo

4

les pantoufles

le miroir

l'éponge

le canard

la baignoire

la carpette

le navire

le phare

le bateau

la mouette

le crabe

la fenêtre

la passagère

la rue

les sacs

la porte

l'autobus

le conducteur

l'arrêt d'autobus

le trottoir

le haut-
de-forme

Monsieur
Loyal

"le jongleur"

les ballons

le cheval

le clown

le tableau noir

les pastels

le pinceau

le dessin

la peinture

le cheval

la vache

le cochon

l'oiseau

le singe

le crocodile

le gorille

le dauphin

les poissons

les algues

le crabe

le poste
de radio

les
cartes

les serpentins

le sac surprise

les légumes

les fruits

la caisse
enregistreuse

l'argent

le panier

le cerf-volant

le papillon

le vélo

les fleurs

l'oiseau

le soleil

les arbres

banc

les canards

l'étang

la grenouille

le ballon

le chien

les magasins

l'autobus

la poubelle

le landau

le nuage

le parapluie

l'arc-en-ciel

le chapeau

l'imper-méable

les bottes en caoutchouc

la flaque d'eau